LA

CONVENTION

du 15 septembre

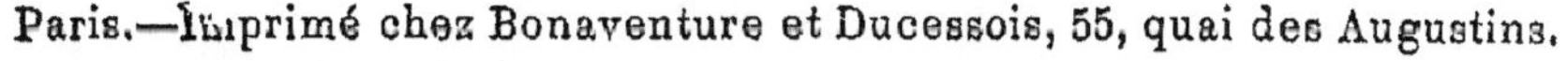

Paris.—Imprimé chez Bonaventure et Ducessois, 55, quai des Augustins.

LA
CONVENTION

du 15 septembre

PAR

M. GEORY

ANCIEN MAGISTRAT, PUBLICISTE

PARIS

E. DENTU, LIBRAIRE-ÉDITEUR

PALAIS-ROYAL, 17 ET 19, GALERIE D'ORLÉANS

—

1865

LA CONVENTION
du 15 septembre

La question de Rome, si elle ne paraissait pas épuisée, laissait du moins entrevoir que les passions des partis exaltés avaient pris du calme, et que la réflexion des gouvernements qu'elle intéresse, mieux éclairée et mieux fixée sur toutes les difficultés dont elle est surchargée, laisserait aux épreuves du temps à préparer et à amener un compromis qui pourrait convenir à toutes les parties.

Tout à coup, sur l'horizon politique où apparaissaient quelques lueurs d'espérance que rien ne serait brisé, la Convention du 15 septembre est tombée au milieu, et a tout assombri.

Ce qui ne fait pas doute, aujourd'hui, c'est que tous les esprits sérieux en Europe regardent cette convention comme renfermant, dans son sein, des événements complexes très-graves, qui peuvent amener des tempêtes infiniment désastreuses.

Les deux publications des très-honorables comtes de Falloux et Lemercier ont déchiré, avec un grand talent, le voile qui couvre la Convention du 15 septembre. Ne reste-t-il plus rien à dire ? Je ne le pense pas. Or certes, si je n'avais consulté que l'inexpérience de ma plume, j'aurais dû rester dans l'ombre et me taire. Mais, moi aussi, je suis catholique ; moi aussi, j'ai à cœur le bonheur de mon pays, et si je n'ai pas cette autorité de parole que rehausse une argumentation puissante, il m'a semblé néanmoins que pour discuter cette question importante avec tout le fruit qu'il faut y chercher, il convenait de la traiter dans tout son ensemble. J'ai donc osé exprimer, avec une indépendance entière, mais loyale, et dégagée de tout esprit de parti, une opinion qui peut encore être digne de quelque attention.

Depuis plus de cinquante ans, de combien de régimes de gouvernement la France n'a-t-elle pas fait les épreuves ? A ne parler que des derniers, quelle a été la cause de leur chute ? Certes, l'émeute et les ambitions personnelles s'y sont amplement prêtées ; mais les basses flatteries des courtisans, qui n'ont jamais permis à la vérité d'arriver jusqu'au pied du trône, y ont contribué pour la plus grande part. Je crois donc faire acte d'un patriotisme empreint d'un dévouement zélé et sincère, en signalant dans la Convention du 15 septembre toute cette série d'événements qui peuvent être marqués par de longs orages.

Pour arriver à une saine appréciation de la Convention du 15 septembre qui embrasse toute la question romaine, il m'a semblé qu'un examen méthodique de la vraie position des parties qu'elle intéresse la rendrait plus facile, en la simplifiant.

Or, voici l'ordre que j'ai cru devoir suivre dans mon examen.

Quels sont les droits de l'Italie sur Rome ? Et quel intérêt trouvera-t-elle à l'avoir pour capitale ?

Quel intérêt la France a-t-elle à voir Rome devenir la capitale de l'Italie ?

Quels avantages le pape peut-il retirer de la Convention du 15 septembre ?

Enfin, quel mode de compromis pourrait-il être accepté pour concilier tous les intérêts, et conjurer les hasards d'une politique aventureuse ?

Rome ! Rome ! Voilà le cri national de l'Italie. Point d'unification du royaume sans les États pontificaux, et sans Rome pour capitale. Or, jamais a-t-il existé un royaume d'Italie unifié ? Rome a-t-elle jamais été la capitale de ce royaume ?

Dans les temps anciens, Rome, à aucune époque, ne fut la capitale de l'Italie. Lorsque les Romains eurent conquis l'univers, l'Italie était partagée en petits États, en grandes villes municipes qu'ils gouvernaient par des proconsuls, comme les autres provinces de l'Empire ; mais Rome ne fut jamais la capitale de l'Italie ; elle était la capitale de l'Empire.

Aux IVe et Ve siècles, lorsque les barbares du Nord se ruèrent sur l'Empire, l'ébranlèrent et le brisèrent, l'Italie resta morcelée en petits exarchats, en petits comtés, en grandes villes municipes, avec le Milanais sous la domination des rois lombards. Ces petites républiques étaient indépendantes les unes des autres, s'administraient elles-mêmes, et chacune avait sa capitale propre.

Lorsque, en l'année 754, Astolphe, roi des Lombards, envahit l'exarchat de Ravenne et marcha sur Rome, le pape Étienne II supplia le roi des Franks de venir au secours de Rome menacée, lui exprimant dans les termes les plus pressants que c'était la religion en péril qui appelait Pepin. Le roi des Franks se transporta en Italie, à la tête d'une armée, et reprit l'exarchat de Ravenne et vingt-deux villes qu'il donna au pape, affirmant qu'il n'était point allé au combat pour favoriser un homme, mais uniquement, disent les auteurs, par vénération pour saint Pierre, afin d'obtenir la rémission de ses péchés. Charlemagne, fils de Pepin, confirma la donation de son père ; et voilà comment fut constitué le domaine de saint Pierre, et comment, depuis lors, les rois des Franks le prirent sous leur protection, ce qui leur valut le titre de Fils aînés de l'Église.

Depuis cette époque, le temporel des papes éprouva bien des vicissitudes. Agrandi sous Louis le Débonnaire, sous Grégoire VII, sous Alexandre VI, sous Jules II, sous Clément VIII, il fut ensuite, suivant les circonstances, restreint dans des limites moins étendues. Mais ce temporel fut définitivement délimité et consacré par le dernier grand traité de l'Europe.

Du reste, cet examen n'a pas sa place dans ce travail. Néanmoins, j'ai considéré comme utile la petite notice historique qui précède.

En 1859, lorsque le Piémont eut accepté la paix conclue après les désastres de Novare, et que l'Autriche, au mépris de cette paix, lui déclara la guerre, il fut facile de comprendre pour quelle fin se faisait cette seconde agression. Acculer le Piémont aux Alpes, dominer avec ses institutions de fer, dans toute la Péninsule, et se mettre en attitude de menacer, à point nommé, la France sur ses frontières. Mais cette grande menée ne put échapper au génie pénétrant de Napoléon III. « Dans la personne du roi de Piémont, notre allié, dit-il, et « parce que l'Autriche menace nos frontières, nous sommes « provoqués. C'est un cartel que l'Autriche nous envoie ; la « France accepte le cartel. » Et, dans cette guerre, où Napoléon III prit en personne le commandement général de l'armée, et qui fut conduite avec un talent stratégique et une supériorité de manœuvres remarquables, les jeunes soldats de Solferino et de Magenta se montrèrent dignes de leurs vieux aînés, les héroïques soldats d'Austerlitz, de Wagram et de la Moscowa.

Les résultats de la campagne furent immenses. L'Autriche vaincue dut évacuer le sol piémontais, et payer ses défaites par la cession de la Lombardie. Et Napoléon III, dont les hauts sentiments sont si patriotiques, et dont l'âme est si fière de la gloire de la France, ressentit l'inexprimable joie de voir l'ancien prestige de nos armes éclater une seconde fois, après les hauts faits de Malakof et de Sébastopol.

Le Piémont, il est vrai, avait joint ses armes aux nôtres ; mais quel magnifique résultat pour lui n'eut pas cette campagne ! Napoléon III lui rétrocéda ce que l'empereur François-Joseph,—l'âme pleine d'émotion,—lui avait cédé à lui-même, en lui disant : « Je vous cède le plus beau fleuron de ma couronne. »

Qui avait vu le petit royaume du Piémont, après les désastres de Novare, vaincu, épuisé dans ses finances, humilié, et sous le désappointement de son agression déçue, et qui, aujourd'hui, se trouvait triomphant et possesseur du Milanais que les rois de France et les empereurs du Saint-Empire s'étaient disputé si longtemps, de ce beau royaume des anciens rois lombards, n'avait-il pas lieu de dire : Combien la Maison de Savoie ne doit-elle pas s'enorgueillir !

Que si le feu roi Charles-Albert,—de chevaleresque mémoire,—pouvait, un instant, sortir tout vivant de sa tombe, qui peut dire l'immense joie dont sa grande âme serait remplie, en voyant l'Italie à jamais délivrée du joug étranger, forte, pleine d'enthousiasme, ayant pris place parmi les grandes puissances !

Cependant, là ne devait point s'arrêter l'accroissement de puissance du Piémont. Le cri : « Les Autrichiens hors de « l'Italie, plus d'Autrichiens chez nous, » qui avait retenti au commencement de la campagne, se prolongeait, avec plus d'enthousiasme, dans tous les petits États de la Péninsule, gouvernés par les princes de la Maison d'Autriche. Les populations de ces provinces, depuis quarante ans durement opprimées, humiliées dans leur noble sentiment de patriotisme, se détachèrent spontanément de leurs princes, brisèrent leur autorité, acclamant Victor-Emmanuel pour leur roi. Et Victor-Emmanuel put, à l'instant, réunir à sa couronne les États de Parme, de Modène et du grand-duché de Toscane, dont les députations vinrent lui offrir l'annexion.

Restait le royaume de Naples. Qui ne connaît le long récit de l'odieuse tyrannie de Ferdinand VII ? Quel prince, dans ces temps modernes, lui comparer, si ce n'est Nicolas Ier, ce barbare oppresseur de la Pologne ?

Les seigneurs appartenant aux plus nobles familles, exilés, dépouillés de leurs biens ; des hommes attachés à des professions libérales, renommés pour leurs talents éminents, envoyés, chargés de fers, aux présides, ou aux galères ; comme au temps de Tibère, un mot, une aspiration, regardés comme crimes d'État, et punis comme tels ; chaque jour, les prisons s'emplissant de patriotes illustres et traités comme des criminels dangereux ; la Camorra, espion vigilant, exerçant partout sa redoutable influence ; Ferdinand VII, s'appuyant sur cette classe de portefaix déguenillés, rongés par la vermine, étendus, tout le jour, dans les rues de Naples, dont elle rendait l'aspect si dégoûtant par les lambeaux de ses hideux haillons ; et, à la mort de Ferdinand VII, François II, son fils et son successeur, tout jeune encore, élevé dans les principes de son père, et gouvernant comme il avait gouverné. Comment Naples, comment la Sicile, elles aussi, n'auraient-elles pas poussé leur cri d'indépendance et acclamé pour leur roi Victor-Emmanuel, le roi chevalier !

Alors, un homme s'est rencontré, indomptable novateur, d'une audace inouïe, d'une volonté de fer, jaloux jusqu'au délire de la liberté de son pays, attirant à lui tous ceux qui l'approchent, les fascinant par sa parole brève et fortement accentuée ; dans les fatigues, dur pour lui, complaisant pour les autres, ne comptant pour rien les dangers ; enfin, un chef d'aventuriers comme l'histoire en compte peu, ne mesurant jamais ses succès sur ses ressources et ses moyens d'attaque, mais sur sa hardiesse et son intrépidité à toute épreuve.

Tout à coup Garibaldi s'embarque à la tête d'une petite bande de volontaires, en chemises rouges, tous, comme lui, hommes déterminés, rudes aux fatigues, faits aux privations, et prompts à tout braver. Il débarque en Sicile, d'autres volontaires se joignent à lui, et la Sicile l'acclame dictateur, et acclame pour son roi Victor-Emmanuel. Rembarqué, il se rabat sur Naples, et, si ce n'est le fort de Gaëte, où François II se retire avec quelques soldats dévoués, et qui bientôt capitule, toute cette partie de la Péninsule acclame, à son tour, Victor-Emmanuel.

Un peu plus tard, Victor-Emmanuel s'est emparé dans les États du pape, des Romagnes, des Marches et de l'Ombrie; mais il ne l'a fait que par un coup de main que les hommes les plus graves même de l'Italie n'ont vu qu'avec douleur, et que Napoléon III a jugé avec une désapprobation si sévère, qu'à l'instant il fit signifier à son ambassadeur de quitter immédiatement la cour de Turin. Malheureusement, les rapports diplomatiques furent promptement renoués, et cette condescendance de l'Empereur enhardit le gouvernement italien dans ses prétentions.

Dans cet état des choses, sans entrer au sein des intrigues, toutes les provinces annexées ayant été constituées en royaume, Victor-Emmanuel a été reconnu roi d'Italie par quelques-unes des grandes puissances de l'Europe; mais quels droits cette reconnaissance lui a-t-elle faits sur Rome et sur les États pontificaux? Aucuns, bien certainement, aucuns.

Cependant, exaltés par un accroissement de puissance aussi inespéré, les patriotes italiens n'ont pas cessé de diriger toutes leurs aspirations vers Rome. Pour eux, point d'unification complète de l'Italie sans les États pontificaux et sans Rome pour capitale.

Il est certain que les États du pape, au centre de l'Italie, d'une étendue plus grande que les duchés de Parme, de Modène et de Toscane réunis, avec cent lieues de côtes sur l'Adriatique et cinquante sur le golfe de Gênes, unifieraient l'Italie d'une manière admirable. Et il est bien certain aussi que l'Italie ne formant plus qu'un grand corps homogène, tout d'une pièce, sans intermédiaire, avec son ciel éclatant, son sol privilégié, son splendide climat, ses belles et grandes villes, sa population ardente, pleine d'enthousiasme, douée du génie des sciences et des arts, serait le plus beau royaume de l'Europe.

Que l'Italie porte ses regards sur la Prusse. Il y a deux siècles à peine, ce n'était qu'un simple petit duché. Mais pour arriver au rang de puissance de premier ordre, que de vicissitudes il a fallu traverser! que de labeurs à surmonter! que de guerres à soutenir! que de princes de génie parmi ses souverains! dans ses populations quel esprit de nationalité! dans ses armées quelle bravoure et quel amour du drapeau!

Or qu'a-t-il fallu à l'Italie pour être aujourd'hui un plus beau royaume que la Prusse? Il lui a fallu deux batailles que l'armée française a gagnées au prix du sang de ses plus nobles enfants; il lui a fallu la désaffection des populations contre leurs anciens souverains, la volonté de fer d'un aventurier, d'une audace indomptable, et un espace de temps qui compte à peine six années.

Aujourd'hui, le gouvernement italien, qui n'a aucun droit sur lequel il puisse appuyer ses prétentions, invoque le droit de convenance. Le temporel, dit-il, n'est pas un point de dogme; les États du Pape n'ajoutent rien à l'éclat de sa couronne pontificale; ils ne sont même, pour le Saint-Père qu'une source d'embarras et de tribulations. Rome, au contraire, et les États pontificaux complètent l'unification de l'Italie, lui assurent les moyens d'augmenter sa force et d'agrandir sa prospérité, et de lui donner une position plus avantageuse dans l'équilibre européen. Il est certain que si le Pape veut faire cession de Rome et de ses États, tout est terminé; il n'existe plus de récriminations. Mais, tout au contraire, le Pape regarde de sa dignité, comme souverain temporel et comme souverain spirituel, de ne rien céder, et, il tient comme un devoir rigoureux de sa conscience, de transmettre à son successeur ce qu'il a reçu lui-même.

Dans cet embarras extrême, le gouvernement italien quelle voie choisira-t-il? La violence; mais la maxime d'un de ses célébres publicistes:

« Le succès fait le droit : la réussite justifie les moyens, » a fait son temps. Suivra-t-elle l'exemple de la Russie, de l'Autriche et de la Prusse qui, une première fois, en 1772, une deuxième fois, en 1793, et une troisième fois, en 1815, déclarent, en pleine paix, qu'elles partagent la Pologne, et s'emparent des provinces à leur convenance ?

Mais que l'Italie jette les yeux sur l'histoire, pourra-t-elle dire que le temps a légitimé ces usurpations criminelles ? Que de soulèvements sanglants dans la Pologne contre ces souverains usurpateurs ! Et, de nos jours, que de nobles martyrs polonais viennent encore de verser leur sang pour leur magnanime et malheureuse patrie.

Avec cette maxime de la convenance et de la force, que deviendraient les droits internationaux ? Que deviendrait, entre les grands et les petits États, l'équilibre qui pondère avec sagesse toutes les positions ? Est-il un souverain puissant qui n'ait sur ses frontières un État plus faible ? Que le droit de la convenance et de la force soit proclamé, et la fable du loup et de l'agneau recevra souvent son application.

Mais, supposons que le gouvernement italien recoure à la force. Certes, il ne lui faudra pas, de sa part, une grande violence, puisque, tout dernièrement, Garibaldi disait, en propres termes : « Que l'on me donne carte blanche, et, avec « un bersaglier et un de mes volontaires en chemise rouge, « je me charge d'avoir bientôt annexé à l'Italie Rome et les « États pontificaux, même les Français étant à Rome. » Eh bien ! j'admets que, soit d'une manière, soit d'une autre, vous êtes entrés dans les États pontificaux, que vous vous en êtes rendus maîtres, et que, de fait, ils sont annexés à l'Italie. Voilà le Pape renversé de son trône temporel, quelle destination allez-vous lui donner ? quel va être le lieu de son exil ? En frappant le souverain temporel, n'avez-vous pas frappé le souverain spirituel ? Or, c'est ici que les difficultés apparaissent ; qu'elles s'accumulent et vont se dresser contre vous. — J'adopte la discussion par interrogation, parce qu'elle est plus vive, plus animée et plus rapide.

Que ferez-vous de Rome? sera-t-elle à la fois le siége du Roi d'Italie et du Pape? Dans la préséance des cours, quelle place donnerez-vous à la cour du Pape, composée des princes de l'Eglise? Le Pape n'ayant plus ses revenus propres, comment fournira-t-il à ses dépenses personnelles et à celles de sa cour. En ce qui touche particulièrement le souverain spirirituel qui est le premier souverain de l'univers catholique, quelle autorité pouvez-vous avoir sur un souverain qui ne relève que de Dieu? Quelle résidence lui donnerez-vous? Acceptera-t-il cette résidence? Sortira-t-il de Rome, les reins ceints de la corde des pèlerins, allant, par les chemins, mendier le pain de l'aumône? Et la basilique de Saint-Pierre, cette merveille des merveilles des arts, remplie de trésors de toutes les sortes, quelle destination lui réservez-vous? Ah! ici, votre réponse devient facile. Les chefs sans pudeur de vos hardis novateurs n'ont-il pas dit, n'ont-ils pas écrit que le catholicisme a fait son temps, qu'une Eglise catholique n'est plus nécessaire, et qu'un souverain pontife a passé de mode?

Misérables déclamateurs de places publiques et de carrefours, le catholicisme a fait son temps!!! Le catholicisme aura fait son *temps*, quand celui qui l'a fait au *temps* le retirera du *temps*; jusque-là, le catholicisme brillera dans tout l'univers, et y sera triomphant. Voyez-le à sa naissance, comme il est pauvre et plein d'humilité! Voyez-le grandir, comme il s'élève dans le monde! Voyez-le traversant douze persécutions sanglantes des empereurs romains: les uns donnant les chrétiens en pâture aux animaux féroces du cirque; et l'un d'eux, le hideux Néron, le plus cruel de tous, enduisant leurs corps de matières inflammables, et s'en servant de flambeaux, lorsque le soir il se promenait dans ses jardins, monté sur son char qu'il conduisait lui-même. Eh bien! ces persécutions, sans exemple, l'ont-elles amoindri? Tout au contraire, il en est sorti plus lumineux et plus triomphant.

D'ailleurs, ces novateurs, sans pudeur et sans retenue,

veulent-ils savoir pourquoi l'Eglise catholique ne périra pas ; le voici :

« Quand une maison est bâtie sur le sable, lorsque la pluie est tombée, et que les torrents sont venus, et que les vents ont soufflé et ont donné contre cette maison, elle tombe et sa ruine est grande.

« Mais lorsque cette maison est bâtie sur la roche, lorsque la pluie est tombée, et que les torrents sont venus, et que les vents ont soufflé et donné contre cette maison, elle reste debout, parce qu'elle est bâtie sur la roche. »

Or, qui ignore que l'Eglise catholique est bâtie sur la roche ?

Vous ne voulez plus de culte ! mais, dans les temps anciens, comme dans les temps modernes, jamais s'est-il rencontré un peuple qui n'ait pas eu et qui n'ait pas de culte ? Que Brahma soit adoré chez les Indous ; que le bœuf Apis soit adoré chez les Égyptiens ; que Jupiter et mille autres divinités soient adorés chez les Grecs , lorsqu'il y a adoration, il y a culte. L'origine divine du culte catholique est comme la lumière du soleil, ne la voit pas qui ne veut pas la voir. Les plus grands génies des temps anciens et des temps modernes : les saint Augustin, les Thomas d'Aquin, les Bossuet, les Pascal, tous ont cru à son institution divine, et tous l'ont proclamée.

Un peuple sans religion ! sans culte ! où trouver qu'une monstruosité pareille soit possible ? Sans culte, plus de frein contre les plus viles passions , plus de morale , plus de retenue, plus d'honneur , plus d'équité ; le juste et l'injuste confondus ; le crime, sous ses mille formes, marchant tête levée ; tous les liens qui font la force des peuples civilisés, rompus et foulés aux pieds.

Quand Napoléon, premier consul, prit le pouvoir en main, ce génie éminemment organisateur sentit d'abord que le premier de ses soins était de rétablir le culte catholique , qu'aux jours néfastes de 1792 et 1793, la Convention avait conspué et aboli. Il désouilla les églises, il releva les autels, et rendit au clergé la considération qui est due à la haute mission qu'il remplit. Son coup d'œil, d'une pénétration si lumineuse, lui fit bientôt comprendre que la religion seule pouvait arrêter la licence des mœurs, ramener la décence dans les familles, et faire revivre les sentiments de ces hautes convenances sur lesquelles reposent toutes les relations habituelles de la société.

Ainsi, hâtons-nous de sortir de ces difficultés ; que l'Italie cesse de porter ses aspirations vers Rome. Rome ne peut pas être sa capitale. Rome est la ville de l'univers catholique ; c'est la ville de Dieu, et, à ce titre, c'est la ville du Pape, qui est le représentant de Dieu dans son Église ; Rome est la ville sainte, la ville éternelle, la ville consacrée. C'est du balcon célèbre de sa basilique que, tous les ans, le Saint-Père donne sa bénédiction *urbi et orbi*, à la ville de Rome et à l'univers. C'est à Rome que les pèlerins de toutes les nations viennent se guérir de leurs violations des préceptes de Dieu et de l'Église, et se fortifier de nouveau dans la foi. Que le gouvernement italien choisisse toute autre ville, quelque belle, quelque opulente qu'elle soit, pour capitale de l'univers catholique, le prestige attaché à Rome n'existe plus.

Combien les Italiens ne devraient-ils pas être fiers du rôle que Rome, de tous les temps, a joué en Italie ! Rome, au milieu des longues et sanglantes dissensions dont la Péninsule ne cessa d'être agitée, resta grande et majestueuse. Résidence des Papes, elle a présidé à tout ce que les destinées de l'Italie ont eu de plus éclatant. C'est elle qui a vu se succéder sur son trône pontifical cette longue suite de grands Papes qui tous ont été les protecteurs illustres des sciences et des arts, à la tête desquels il faut placer Jules II et Léon X ; et aujourd'hui, cette magnifique couronne qui a ceint son front pendant tant de siècles, l'Italie la dédaigne, elle n'a plus de prix à ses yeux !

Le gouvernement italien a trouvé, avec raison, que Turin ne peut plus lui servir de capitale. Eh bien ! le choix qu'il vient de faire de Florence lui convient sous tous les rapports. Cette ville est au centre du royaume ; son passé historique est illustre. Que de palais et de monuments ne renferme-t-elle pas? A combien d'hommes de génie, d'artistes célèbres, de grands Papes n'a-t-elle pas donné le jour? A l'époque où les savants de la Grèce furent obligés de quitter Constantinople, quel grand rôle ne joua pas la ville de Florence ! Ce fut son sénat qui les recueillit, et qui fit refleurir dans son sein ce siècle splendide de la Renaissance, qui nous rendit les immortels ouvrages de la Grèce et de Rome ; qui fit revivre les sciences et les arts, et qui rouvrit au génie de tous les peuples ces voies sublimes de l'intelligence qu'autrefois ils avaient si noblement parcourues, et à l'illustration desquelles ils devaient encore ajouter par les plus magnifiques chefs-d'œuvre.

Que l'Italie cesse ses aspirations vers la Vénétie! L'Autriche n'abandonnera jamais cette partie de son empire ; elle y sacrifiera son dernier homme et son dernier florin. Elle a été vaincue à Solferino, à Magenta, mais non sans gloire. L'Empereur Napoléon III a pu voir combien les soldats autrichiens sont braves, bien disciplinés et solides sur le champ de bataille. Le quadrilatère lui donne une force imposante et presque invincible. Compter sur l'insurrection des populations, c'est s'appuyer sur un terrain qui manquera sous ses pieds. Que l'Italie porte ses regards sur les dernières tentatives de la Pologne. Lorsque ses plus nobles enfants se sont levés pour son indépendance, le sauvage Mourawieff est accouru précédé de ses fourgons chargés de munitions de guerre et de potences ; et ses plus nobles enfants, nouveaux martyrs d'une si sainte cause, ont tous péri par cet ignominieux supplice. Il en sera de même en Vénétie : l'Autriche n'abandonne jamais rien. Vaincue, elle se retire, mais c'est pour revenir plus tard. L'Italie, dans sa nouvelle position, qui est très-forte, n'a pas à redouter d'agression de la part de l'Autriche ; celle-ci est assez occupée à arranger ses affaires intérieures ; mais si elle est provoquée, elle se redressera, et arrivera tout audacieuse sur les champs de bataille. Dans ce moment, tous les jeunes officiers de l'armée sont bouillants d'enthousiasme, et demandent à venger leur défaite de Solferino et de Magenta.

Que l'Italie organise ses finances, qu'elle complète le réseau de ses chemins de fer; qu'elle donne de l'élan à son agriculture et à son commerce; qu'elle unifie par de bonnes lois et de sages institutions les belles et riches provinces qui sont sous le sceptre de Victor-Emmanuel, et surtout qu'elle se crée une armée souple, vaillante, pleine d'enthousiasme pour son drapeau, et ses destinées seront magnifiques. Aujourd'hui, luisent devant elle des jours d'or; que par imprudence et excès d'ambition, elle ne ramène pas les jours de fer.

A l'ouverture de la campagne de 1859, l'Empereur Napoléon III, dans un langage qui n'appartient qu'à lui seul, disait : «Je veux que l'Italie, désormais délivrée du joug étran-
« ger, soit libre jusqu'à l'Adriatique et s'appartienne. Nous
« ne venons pas pour inquiéter le Pape dans ses possessions
« temporelles, ni dans sa souveraineté spirituelle. » Examinons avec calme si Napoléon III a été fidèle à son programme, car plus d'une récrimination à cet égard s'est fait entendre, et je crois qu'il entre dans mon sujet de revenir là-dessus. Les victoires de Solferino et de Magenta avaient été vivement disputées. L'armée autrichienne s'était montrée brave et pleine d'élan et de solidité. L'armée française, qui avait à soutenir son ancienne réputation, qui, pour la première fois, combattait en présence de son Empereur, fut héroïque. Mais quelles pertes! que d'officiers généraux, que de soldats étendus sur le champ de bataille! que de sang-froid de la part des chefs, quelle habileté il avait fallu! Mais le mot d'ordre était donné, il fallait vaincre à tout prix. Cependant, en présence d'une armée encore bouillante de courage; en présence des fortifications gigantesques que le quadrilatère dressait devant lui, Napoléon III vit sur-le-champ, avec son regard d'aigle, qu'il y aurait imprudence à livrer une nouvelle ba-

taille qui ne pouvait amener un résultat définitif, et qui pouvait avoir des conséquences extrêmes ; et il conçut instanta-
nément la pensée de la convention de Villafranca, convention
d'une portée immense, dont le succès a fait le plus grand
honneur à l'habileté et à la haute intelligence de son négo-
ciateur.

La paix de Zurich, disent certains esprits détracteurs,
garantissait ses États au grand-duc de Toscane. Il est vrai
que Napoléon III les avait garantis. Mais, il ne pouvait ga-
rantir sa souveraineté au grand-duc contre la désaffection de
ses sujets. Ce furent ceux-ci qui, entraînés par le mouvement
général de l'Italie, abandonnèrent le grand-duc, s'affran-
chirent de son autorité, et offrirent d'eux-mêmes leur annexion à Victor-Emmanuel. Les Toscans, mécontents de leur
souverain, dont le gouvernement avait toujours été froidement despotique, avaient usé de leur droit. Il n'étaient point
la propriété du grand-duc ; leur destinée leur appartenait, et
ils pouvaient en disposer.

En ce qui touche Rome, et c'est au sujet de cette question
que les détracteurs se montrent en plus grand nombre, Napoléon III, à l'ouverture de la campagne de 1859, avait dit
qu'il ne venait pas faire la guerre au Saint-Père, qui serait
toujours respecté dans ses possessions temporelles et dans sa
position comme chef spirituel de l'Eglise catholique.

Eh bien ! en quoi l'Empereur a-t-il manqué à sa parole ?
Lorsque, exaltée de son accroissement de puissance, l'Italie
brûlait de faire irruption sur les États du Pape et de s'empa-
rer de Rome, quelle force l'a arrêtée ! si ce n'est l'énergie
inébranlable de l'Empereur. Lorsque le fougueux Mazzini et
l'indomptable Garibaldi mordaient le frein qui les retenait et
frémissaient de rage, ne cessant pas de pousser l'Italie sur
Rome, qui donc encore a contenu la bouillante ardeur de ces
deux démagogues menaçants ? N'est-ce pas l'attitude calme
et hautement résolue de l'Empereur ? A toutes les sollicita-
tions, on ne peut plus pressantes du gouvernement italien,

l'Empereur qu'a-t-il toujours répondu? « Réconciliez-vous
« avec le Saint-Père ; je ne désire rien davantage ; mais, jus-
« que-là, mes troupes resteront à Rome, et je couvrirai le
« Pape du drapeau de la France. » Ces paroles ont-elles été
vaines? La protection de l'Empereur s'est-elle jamais retirée
du Saint-Père ?

Qu'on porte les yeux sur la lettre remarquable de Napoléon III à M. Thouvenel, son ministre des affaires étrangères,
à la date du 20 mai 1862, on verra quels sentiments l'ani-
ment : seconder les aspirations nationales et maintenir le Pape
dans une position qui dure depuis dix siècles.

Et si l'on peut dire hardiment une chose, parce qu'elle est
hautement vraie, aucune des affaires de son empire ne l'a
aussi sérieusement préoccupé. Aucune plus que celle-là n'a
été l'objet de ses plus profondes méditations, et, il faut le
dire aussi, aucune ne lui a causé des peines plus vives et des
embarras plus incessants.

Lorsque le roi Victor-Emmanuel, au moyen de la surprise
de Castelfidardo, se fut emparé des Romagnes, des Marches
et de l'Ombrie, l'Empereur donna ordre à son ministre des
affaires étrangères de rappeler son ambassadeur, accrédité à
Turin, et rompit toute relation diplomatique avec cette cour.

Malheureusement, — je l'ai déjà dit, — ces relations furent bientôt renouvelées, et la condescendance de l'Empereur enhardit le gouvernement italien dans ses prétentions.

En 1861, le roi Victor-Emmanuel lui ayant demandé de le
reconnaître sous son nouveau titre, Napoléon III lui répondit :
« Je dois déclarer franchement à Votre Majesté que, tout
« en reconnaissant le nouveau royaume d'Italie, je laisserai
« mes troupes à Rome, tant qu'elle ne sera pas réconciliée
« avec le Pape, ou que le Saint-Père sera menacé de voir les
« États qui lui restent, envahis par une force régulière ou
« irrégulière. »

Cependant, au milieu des exigences toujours croissantes
des patriotes italiens, et pressé par deux dépêches du gé-

néral Durando, ministre de la guerre d'Italie, M. Drouyn de Lhuis, — d'ordre de l'Empereur,—fit connaître à la cour de Turin, qu'en preuve de ses sympathies pour l'Italie, il accepterait toute proposition convenable qui lui serait faite qui assurerait à la fois les intérêts de l'Italie, et l'indépendance du Saint-Père et la garantie de ses États.

C'est alors que le gouvernement italien, bien convaincu que la résolution de l'Empereur était inébranlable, a eu recours à la convention du 15 septembre ; convention malheureuse qui est venue tout assombrir.

Quand on fixe son attention sur la convention du 15 septembre, comment n'être pas profondément attristé ? Deux grandes puissances font entre elles un traité, et la puissance qu'il intéresse le plus n'est pas appelée à le connaître, à le débattre, à l'accepter. Aussi, depuis que cette convention a été rendue publique, pas un mot sur elle ne s'est fait entendre de la part de la cour de Rome. Quelle improbation éloquente dans ce silence ! La convention se compose de quatre articles. Le premier article porte que les États pontificaux seront défendus par les parties contractantes contre toute attaque d'une troupe régulière ou irrégulière qui viendrait pour les envahir. Or, quelle troupe étrangère fera-t-elle irruption sur les États pontificaux ? Sera-ce une troupe autrichienne, une troupe espagnole, une troupe belge ? — Quelle pitié, grand Dieu ! Ah ! ce sera, sans doute, une troupe exaltée de garibaldiens ou de mazziniens ; ce qui signifie que la révolution, en Italie, n'est pas encore désarmée et qu'elle est puissante.

Le troisième article porte que le gouvernement italien s'interdit toute réclamation contre l'organisation d'une armée papale, composée même de volontaires catholiques étrangers, pour maintenir l'autorité du Saint-Père et la tranquillité tant à l'intérieur que sur la frontière, pourvu que cette force ne puisse dégénérer en moyen d'attaque contre le gouvernement italien.

Quoi! vous permettez au Saint-Père d'organiser chez lui une armée papale pour la défense de ses États! Comment n'être pas confondu à une pareille lecture? Mais, suivant le droit des nations, un souverain n'est-il pas le maître d'organiser, dans ses États, l'armée qu'il juge convenable pour sa défense? A-t-il besoin d'une autorisation étrangère? L'organisation de cette armée n'appartient qu'à lui seul; toute injonction étrangère, à cet égard, il a le droit de la dédaigner et de la repousser. Mais l'Italie, aujourd'hui grande puissance, prendre d'avance ses précautions contre les attaques d'une armée papale! Encore une fois, comment ne pas être amèrement contristé de la convention du 15 septembre.

L'article 4 porte : l'Italie se déclare prête à entrer en arrangement pour prendre à sa charge une part proportionnelle de la dette des anciens États de l'Église.

La cour de Rome, dans un silence plein de dignité, a fait assez connaître avec quelle désapprobation manifeste elle accueillait cette dernière proposition. Quoi ! usurpateurs de mes États, à la face du monde, par une surprise que tous les hommes sérieux couvrent de leur blâme, vous m'offrez de payer une partie de la dette de ces États. N'est-ce pas absolument comme celui qui s'emparerait de la terre de son voisin, alors chargée de fruits; qui la retiendrait avec les fruits, et qui offrirait au propriétaire dépouillé de payer les impositions de la terre qui sont dues pour le passé?

Le sens dans lequel le gouvernement italien avait amené la convention du 15 septembre ne pouvait échapper à la pénétration des hommes versés dans les grandes affaires. Du reste, voici les paroles solennellement prononcées par le gouvernement italien qui le rendent clair et manifeste pour tout le monde.

Le 9 novembre, à la chambre des députés, M. Boncompagni dit : « Nous pouvons être bien certains que la France, « une fois hors de Rome, n'y retournera plus. Nous irons à

« Rome, dans un temps qui n'est pas éloigné, par les voies
« de la civilisation, par la liberté et par la justice. »

Le 5 décembre, au sénat, M. le ministre de l'intérieur dit :
« Qu'en examinant les actes diplomatiques, le ministère ac-
« tuel s'est convaincu de l'utilité pour l'Italie du traité
« du 15 septembre. Nous savons tous que le pouvoir
« temporel du Pape est contraire aux intérêts de l'Italie. Le
« gouvernement pontifical a toujours appelé les étrangers à
« son aide. Tant qu'il existera, le danger d'une intervention
« étrangère ne sera pas éloigné. Le pouvoir temporel n'est
« pas nécessaire à la splendeur et à l'indépendance du pou-
« voir spirituel. L'Italie a intérêt à repousser toute interven-
« tion étrangère venant au secours du pouvoir temporel. Si
« quelque mouvement éclate sur le territoire pontifical, l'Ita-
« lie n'est pas tenue de le comprimer. Le seul engagement de
« l'Italie est de ne pas attaquer le territoire pontifical. La
« convention est favorable à la politique italienne. »

Le 6 décembre, au sénat, le général Cialdini dit : « Qu'il
« n'y a pas de transaction possible entre l'Italie et l'Autriche ;
« et qu'il faut que, dans le cas d'éventualités, l'Italie prenne
« ses précautions. »

Après des déclarations aussi solennelles, aucun doute n'est
plus permis. Toutes les aspirations du gouvernement italien
sont toujours tournées vers Rome et les États pontificaux.
Pour en être le maître, ce n'est plus pour lui qu'une affaire de
temps, six mois, un an, deux ans, n'importe le chiffre. Le
drapeau de la France est le seul obstacle à cette occupation.
Il fallait donc par un moyen quel qu'il fût, obtenir que l'Empereur retirât ses troupes de Rome. Et les offres du gouvernement italien de transporter sa capitale à Florence ont séduit
l'Empereur qui, n'écoutant que sa haute loyauté, devait con-
sidérer ce transport comme l'abandon de Rome ; et de là, la
convention du 15 septembre. Ce palliatif a paru aux deux
souverains un moyen de réconciliation entre le Pape et l'Italie. Moi, j'ai le courage de dire que cette convention ren-

ferme dans son sein des agitations qui peuvent être euro-
péennes, et que la réconciliation est plus éloignée que
jamais.

Au fond, quel intérêt a la France, et personnellement Napoléon III à ce que les États pontificaux soient annexés au
royaume d'Italie, avec Rome pour capitale ? Je n'en vois aucun. Dira-t-on que le royaume d'Italie ainsi unifié pèserait
d'un plus grand poids dans l'équilibre européen ? Cette opinion peut être vraie. Mon opinion, à moi, est que l'Italie est
plus forte avec le Pape à Rome, souverain spirituel et temporel. Rome et la papauté sont un prestige qui, de tous les
temps, a fait la splendeur de l'Italie. Rien n'est grand dans
l'histoire de la Péninsule italique, comme cette suite majestueuse de Papes illustres, toujours protecteurs éclairés des
sciences et des arts. Rien n'est célèbre sur la terre comme
cette merveilleuse basilique de Saint-Pierre, et cet imposant
palais du Vatican sans égal au monde. Rome sans le Pape ;
Saint-Pierre et le Vatican sans le Pape, tout le brillant prestige disparaît. Rome divine devient Rome bourgeoise ; et
Rome ainsi dépouillée de sa couronne n'est plus qu'une ville
sur le même pied que les autres capitales de l'Europe.

Personnellement, Napoléon III n'a recueilli jusqu'à ce jour,
dans la question romaine, que des embarras, des déceptions
et des sollicitudes. D'ailleurs, l'Empereur dans sa lettre du
20 mai 1862 à M. Thouvenel, alors son ministre des affaires
étrangères, n'a-t-il pas dit : « Que ce n'est pas seulement en
Italie, mais partout, qu'elle produit le même désordre moral,
parce qu'elle touche à ce que l'homme a de plus à cœur, la
foi religieuse et la foi politique ? »

C'est tenter de bien grandes chances que de se heurter contre les croyances religieuses. L'histoire est là qui en fournit
de terribles exemples. Les peuples ne se gouvernent plus
comme ils se gouvernaient autrefois, leur volonté, qui est de-
venue souveraine, fait tout le poids dans la balance.

Un souverain ne doit pas compter sur les hommages des

autres souverains qui ne sont, au fond, que de pures polites-
ses. Il ne doit pas compter non plus sur les liaisons de fa-
mille qui ne sont que choses éventuelles. Un souverain ne doit
compter que sur l'affection de son peuple.

Quand les jours d'épreuve furent venus pour Napoléon Iᵉʳ,
la scène mémorable d'Erfurth fut oubliée ; ses longues sympathies d'amitié avec Alexandre furent méconnues. Et lorsque le
duc de Bassano, ministre des affaires de France, invoqua
auprès du prince de Schwartzemberg, ambassadeur d'Autriche, le mariage de l'archiduchesse Marie-Louise avec l'Empereur : Ah ! — le mariage, s'écria-t-il ! la politique l'a fait
et la politique peut le défaire.

Et Napoléon, qui avait été le maître de l'Europe, qui avait
disposé de tant de couronnes, repoussé par les souverains qui
lui devaient leurs trônes, trahi par ceux des siens qu'il avait
comblés de plus de faveurs, frappé par les éléments, aban-
donné par son beau-père ; Napoléon, l'homme fatidique de
Chateaubriand, alla mourir sur le rocher de Sainte-Hélène,
à six mille lieues de la France, où l'Angleterre, après avoir
forfait à l'honneur et flétri son pavillon, et foulé aux pieds la
plus sainte de ses lois, l'avait envoyé comme son prisonnier,
tandis qu'il était devenu son hôte, sous la garde du plus hideux
et du plus froidement cruel des sbires.

Aujourd'hui, il est de notoriété générale que la question
romaine occupe tous les esprits. Tout le clergé catholique s'en
émeut. Tous les catholiques en sont troublés dans leur conscience et s'en inquiètent. Les moments deviennent de jour
en jour plus solennels. Toutes les opinions politiques, chacune
son drapeau en main, sont debout. Les ennemis du gouvernement sourient en secret des difficultés qui peuvent surgir. Il
est donc sage et prudent d'aviser. Les grands actes d'un souverain, un peuple les accepte, mais il ne se croit pas lié par
eux.

Le Pape, depuis que la question romaine est ouverte, de
combien d'amertumes il a été abreuvé ! que de tribulations,

que de peines, que d'angoisses mortelles ont accablé sa grande âme ! Toujours menacé, toujours en butte aux poursuites d'un gouvernement que son ambition irrite, toujours sous les cris menaçants de ces démagogues pour qui rien n'est sacré sur la terre ; à peine s'il peut trouver une heure de calme pour prier en faveur de ceux qui le persécutent.

La convention du 15 septembre, l'Italie l'a proposée, et les deux grandes puissances l'ont signée pour mettre un terme aux incertitudes incessantes dans lesquelles son âme sainte est abîmée. Eh ! grand Dieu ! cette convention imprudente les a bien plutôt augmentées. Dans l'état des choses tel qu'il vient d'être fait, quel parti le Pape va-t-il prendre ? Calme, se réfugiant dans la haute dignité de sa position, laissera-t-il les événements se dérouler, se résignant à la volonté de Dieu ? se prêtera-t-il à une réconciliation avec l'Italie ? Ce serait mal connaître la cour de Rome, de croire que le Pape courbera la tête devant la position qu'on lui impose.

Mais, dit-on, le pouvoir temporel n'est pas nécessaire à la splendeur et à l'indépendance du pouvoir spirituel. Or, voici les propres paroles de Napoléon III.

Dans son message du 7 juin 1849, le prince président de la République disait : « Une fois à Rome, nous y garantissons « l'*intégrité* du territoire. »

Le 31 décembre 1859, l'Empereur écrivait au pape : « Les « puissances ne sauraient méconnaître *les droits incontestables* « du Saint-Siége sur les Légations. »

En 1860, le gouvernement français déclarait que, dans sa pensée, le pouvoir temporel était une condition essentielle de l'indépendance du Saint-Siége.

A la même époque, le président du conseil d'État disait : « Quant au pouvoir temporel, je répète que ce pouvoir étant « un gage d'indépendance de la papauté, il ne pouvait pas « être détruit, qu'il devait s'exercer dans des conditions sé- « rieuses. »

Maintenant, sans rappeler l'opinion de tous les esprits éminents sur le temporel des papes, voici les paroles du plus grand génie dont se glorifie la France, Bossuet disait : « Le « Siége apostolique possède la souveraineté de la ville de « Rome et de ses États, afin qu'il puisse exercer sa puissance « spirituelle dans l'univers plus librement, et en sécurité et « en paix. »

A la fin d'un règne qui ne fut pas sans gloire, Grégoire XVI, qui lui aussi avait eu ses tribulations personnelles, avait dit : « L'administration des États de l'Église a besoin d'une « grande réforme. J'étais trop vieux pour l'entreprendre, car « il faut que celui qui commencera une telle œuvre puisse la « mener à bonne fin. Après moi, on élira un pape jeune ; ce « sera à lui de faire *ce* sans quoi l'on ne peut plus mar-« cher. »

Or, Grégoire XVI était un pape plein de lumières, profondément animé de l'esprit de l'Église. Comme lui, Pie IX est un souverain pontife éminent par ses connaissances et par ses vertus évangéliques. Les réformes qui sont nécessaires dans ses États, il a été le premier à les sentir. Aidé dans ces innovations importantes par le cardinal Antonelli, son ministre d'État, et, sous tous les rapports, digne de sa haute confiance ; la cognée était au pied de l'arbre. Dans une conférence du marquis de Lavalette, alors ambassadeur de France à Rome, avec M. le ministre d'État, où il fut question de ces réformes, le cardinal Antonelli n'avait-il pas dit que ces réformes étaient prêtes et qu'elles seraient promulguées, lorsque les provinces enlevées au pape lui seraient restituées ? Depuis, que de peines incessantes, que d'anxiétés mortelles n'ont-elles pas assiégé la grande âme de Pie IX ! Le moment était-il bien venu pour élaborer les réformes et les promulguer ? Les réformes dans les États temporels du pape se feront. Il est dans la force des choses qu'elles se fassent. Ce qui pouvait être bien, il y a un siècle, il y a cinquante ans, ne peut plus convenir aujourd'hui. La civilisation chez tous les peuples a fait des progrès, l'intelligence s'est développée, l'industrie a créé des merveilles; avec elles les mœurs ont changé, des besoins nouveaux, tant au moral qu'au physique, se sont fait sentir; il faut les satisfaire. Les peuples ne sont pas faits pour les institutions, mais les institutions pour les peuples. Un souverain, aujourd'hui, ne peut plus dire ce que Louis XIV disait : « Ce royaume et ce peuple m'appartiennent. » L'art de régner n'est pas aussi facile qu'on le croit. Ce prince seul sera regardé comme un grand souverain qui, s'accommodant aux temps et aux circonstances, travaille au bonheur de son peuple par des réformes pesées au poids de la prudence et de la sagesse. Ce n'est qu'à ce prix qu'il acquerra l'affection de son peuple. Or, l'expérience, l'inexorable expérience est là, qui plus d'une fois a montré que, sans cette affection, les trônes sont brisés et les souverains se voient réduits à se retirer dans l'exil.

Encore une fois, vienne le moment où cette malheureuse question de Rome aura pris une fin, et, bien certainement, toutes les réformes qui sont nécessaires s'accompliront dans les États du Pape. Le souverain Pontife ne peut s'en affranchir plus longtemps. La civilisation, les mœurs, les besoins de son peuple les réclament. C'est comme le fleuve qui pousse ses flots devant lui, nulle force humaine ne peut les faire remonter à leur source. Mais il est dans l'esprit de l'Église, de procéder en toute chose avec calme, avec lenteur, avec maturité. D'ailleurs, c'est ici une chose de gouvernement intérieur, et nul n'est en droit d'exiger que le pape donne telle réforme plutôt qu'une autre, et qu'il la donne tel jour plutôt que tel autre. Le pape n'a pas plus à se laisser intimider des sourdes menées de Garibaldi que des cris menaçants de Mazzini et des injonctions impérieuses du gouvernement italien. Les réformes sur lesquelles reposent le bonheur d'un peuple ne peuvent être trop profondément étudiées.

Dans ce moment, le pape est-il le seul souverain en Europe qui ait à s'occuper de réformes? La Russie travaille à des réformes; l'Autriche travaille à des réformes ; l'Espagne travaille à des réformes; en Angleterre et en France, on demande des réformes. Le temps est un grand maître; avec son aide tout s'accomplira.

Dans l'état des esprits, tel que la Convention du 15 septembre vient de le faire, une solution indéfinie de la question romaine pourrait amener des conséquences extrêmes. Et cette solution, les puissances qui y ont intérêt doivent la rechercher, sans parti préconçu et avec la sincère pensée du bonheur des peuples placés sous leur sceptre.

Je me résume.

Le pape, dont les lumières sont si élevées, dont la mansuétude et la charité sont si grandes, dont l'amour pour tous ses enfants catholiques ne connaît aucune mesure, et qui a si profondément à cœur la prospérité de ses États temporels, se prêtera, avec magnanimité, à accepter tous les projets de conciliation qui lui seront proposés, et qui ne seront pas contraires à sa dignité, et qui ne pourront pas blesser les devoirs rigoureux auxquels il est tenu à son double titre de souverain temporel et de souverain spirituel. La mission est trop grande, elle émane trop de Dieu lui-même pour qu'il veuille refuser aux consciences catholiques qui se trouvent, dans ce moment, dans une anxiété qui les trouble, une tranquillité sans laquelle la paix de l'Église catholique tout entière pourrait être en souffrance.

L'Italie, revenue à une appréciation plus réfléchie de sa nouvelle position, doit arrêter le cours de ses aspirations vers Rome et vers la Vénétie, dans lesquelles elle s'exposerait à des chances dont les suites pourraient être désastreuses. Dans l'état d'exaltation politique où se trouve l'Europe, si une guerre intervenait entre l'Autriche et l'Italie, ce serait une guerre de race à race, une guerre d'extermination. Les Italiens ont en horreur les Autrichiens, qu'ils regardent comme leurs cruels et criminels oppresseurs; et les Autrichiens ont en horreur et en mépris les Italiens pour les avoir foulés aux pieds et regardés comme un peuple avili pendant cinquante ans.

L'Empereur Napoléon III, dont les sentiments sont si nobles et si élevés, continuera de remplir avec magnanimité les obligations qu'il a prises envers le Saint-Siége en 1859, et qu'il a toujours rigoureusement observées. Il n'oubliera pas qu'un de ses plus grands devoirs comme souverain de la France, c'est de se montrer le digne Fils aîné de l'Église; c'est de protéger le Pape envers et contre tous, et de ne pas abandonner la noble voie qu'il a suivie jusqu'à ce jour.

Quelles nobles paroles le Saint-Père ne vient-il pas de faire entendre au corps des officiers de la garnison française, à l'occasion de la réception solennelle de Noël! quelle mansuétude céleste y respire, au moment où son âme est abîmée de tristesse ! Du reste, voici ces paroles en entier :

« Voici quinze ans que, chaque année, à pareil jour, je « reçois avec bonheur l'expression des vœux et du dévoue- « ment de l'armée française.

« Il y a quinze ans, un officier supérieur de cette armée, « aujourd'hui maréchal de France, venait m'apporter à « Gaëte les clefs de la ville de Rome. Quelques mois plus « tard, un autre officier, un général, lui aussi maréchal de « France, me ramenait au Vatican. Depuis lors, les divers « généraux qui se sont succédé dans le commandement de « cette armée m'ont tous exprimé, en pareille circonstance, « les mêmes sentiments, et je suis heureux de les entendre « de votre bouche, monsieur le général.

« Je prie Dieu qu'il daigne éclairer le Souverain qui pré- « side aux destinées de la France, et pour que, au milieu des « difficultés qui l'entourent, il lui inspire de sages résolu- « tions : *judicium et justitia.*

« Puissent les lumières de l'Esprit saint descendre aussi « sur les autres souverains de l'Europe et diriger leur con- « duite : *judicium et justitia.*

« Je n'oublierai jamais ce qu'a fait pour moi, pendant ces « quinze années, le chef de votre grande et généreuse na- « tion, et je lui en conserve une sincère gratitude. Je prie

« Dieu pour le rétablissement de la santé de l'Impératrice,
« et je la bénis, ainsi que l'Empereur, le Prince impérial,
« l'armée et la nation française.

« Recevez aussi ma bénédiction, monsieur le général, et
« vous tous, messieurs, pour vous et pour vos familles. »

L'Empereur, dont le cœur est si magnanime, en sera le premier touché ; il les gravera au fond de son âme, car tout est là.

Je prends la liberté de soumettre, avec le sentiment de la plus respectueuse déférence, le compromis suivant à la haute sagesse des puissances qu'il intéresse.

Le Pape resterait souverain des Romagnes, des Marches et de l'Ombrie. Le roi Victor-Emmanuel les gouvernerait héréditairement à titre de tributaire.

Le payement de la somme mise à la charge du gouvernement italien serait annuel et fait par trimestre.

L'Italie serait tenue de payer la partie qui serait déterminée de la dette afférente aux provinces usurpées, d'en payer à l'avenir les impositions et toutes les charges territoriales.

Le règlement de ce compromis serait remis à l'appréciation de quatre arbitres : deux pour le Pape, à son double titre de souverain spirituel et de souverain temporel ; un pour la France, un pour le Roi d'Italie. En cas de partage, il serait vidé par le roi Léopold de Belgique.

Le Saint-Père, dans cette conciliation, se trouverait affranchi d'une grande partie des charges temporelles qui pèsent sur sa sollicitude. Libre alors de toute tribulation et en paix, il pourrait donner tous ses soins et tous ses instants à sa souveraineté spirituelle. Il ramènerait le calme dans les consciences catholiques, et en recueillerait un grand mérite devant Dieu et une grande gloire devant les hommes, et dans le fond de son âme un bonheur indicible.

L'Italie, libre de toute exaltation et de toute aspiration ambitieuse, entièrement livrée à ses améliorations intérieures, pourrait poursuivre toutes ses réformes avec plus de calme et de sagesse, et devenir, avec plus de force morale, un des plus beaux royaumes de l'Europe, et prendre hardiment sa place parmi les puissances de premier ordre.

Napoléon III verrait cesser l'objet de sa plus incessante sollicitude, pourrait se réfugier dans le for de sa conscience, et s'écrier devant Dieu : « J'ai fait mon devoir, j'ai toujours agi de bonne foi, » et, aujourd'hui que ses guerres lointaines sont terminées, s'occuper avec fruit, en tant qu'elles sont justes, des réformes que les diverses oppositions réclament.

Dans ce moment, à travers l'horizon politique qui s'étend sur toute l'Europe, courent des nuages sombres qui renferment dans leur sein de menaçantes tempêtes : il faut éviter qu'un jour ou l'autre ils ne versent des orages.

www.ingramcontent.com/pod-product-compliance
Lightning Source LLC
Chambersburg PA
CBHW061645050726

47598CB00004B/1463